Les Histoires du Père Castor

Qu'elles soient nées dans l'esprit fécond d'un auteur ou venues du fond des âges et de pays lointains, les histoires transmettent une culture, une tradition, elles parlent de nous. Comprendre, accepter les autres, mieux se connaître, se laisser porter par la magie des mots et des images : c'est tout cela que les Histoires du Père Castor offrent.

Depuis 1931, le Père Castor propose de merveilleuses histoires illustrées, et crée les classiques de la littérature pour enfants, d'hier et d'aujourd'hui. Nous perpétuons cette tradition avec les talents d'auteurs de mots et d'images pour le plaisir toujours renouvelé du partage de la lecture...

TROIS PETITS LAPINS

À tous les petits lapins
de l'école Prieur de Reims.
Z.

Pour Armel,
mon petit lapin.
A. D.

Dépôt légal : mars 2019
ISBN : 9782081448339
Imprimé en République Tchèque par PB Tisk – 12-2018
Éditions Flammarion (n° L.01EJDN001618.N001) – 87 quai Panhard-et-Levassor, 75647 Paris Cedex 13
Loi n° 49-956 du 16 juillet 1949 sur les publications destinées à la jeunesse

TROIS

PETITS

Un conte de Zemanel
Illustré par Amélie Dufour

LAPINS

PÈRE CASTOR

Père Lapin sort de son terrier.
Derrière lui vient la maman,
et pour finir viennent leurs enfants.
Trois coquins qui ne veulent qu'une chose, voir le soleil se lever derrière la colline.
– Ne faites pas n'importe quoi, prévient Mère Lapin.
– Ne jouez pas n'importe où, prévient Père Lapin.
Et surtout, ne vous approchez pas
de la maison des humains.

– Oui Papa ! Oui Maman !
promettent les petits.

En quelques bonds, les trois petits lapins sont déjà loin.
– J'espère qu'ils ne risquent rien,
soupire Mère Lapin.

– Ils doivent apprendre la vie,
sourit Père Lapin.

Hop, hop, hop !
Voilà les trois coquins de l'autre côté de la colline.
Un grand tapis de fleurs s'étale devant eux.
– Venez ! dit l'aîné, les parents sont loin, on peut jouer comme on veut.

Les trois frères bondissent de-ci de-là faisant n'importe quoi.

Le premier saute sur les fourmis.

Le deuxième chasse les papillons.

Et le troisième bouscule abeilles et bourdons.

– Allons voir plus loin, propose le cadet.

Les trois frères bondissent de-ci de-là et s'aventurent n'importe où.

Heureusement ils ne se font voir ni du faucon, ni du renard.
Ils traversent le ruisseau et aperçoivent une grande maison.
– Regardez ! crie l'aîné, une ferme, venez !

Père Lapin a bien dit de ne pas s'approcher mais...
les trois coquins ont déjà oublié.

Alors, tandis qu'ils bondissent de-ci de-là,
ce qui devait arriver arriva :
attrapés par les oreilles,
les voilà tous les trois dans le panier d'un fermier.

On les enferme dans une boîte en bois au milieu de la basse-cour.
Il fait sombre. C'est à peine s'ils voient le jour par un petit trou.
Dehors, les poules caquettent, le coq chante et le chien aboie.

Pauvres petits lapins, que va-t-il leur arriver ?
- Les humains mangent les lapins… soupire l'aîné.
- Et si ce n'est eux, ce sera le chien, pleurnichent ses frères.

Dehors passent des fourmis. Elles s'arrêtent et regardent.
- Aidez-nous ! crient les lapins.

Mais…

Trotti, trotti, trotta !

Elles passent leur chemin et s’en vont marcher plus loin.

Peu après viennent deux papillons.
Ils se posent et jettent un œil.
– Aidez-nous ! crient les lapins.

Mais...
Voli, voli, vola !
Les papillons passent leur chemin et disparaissent dans le ciel.

Passent ensuite quelques abeilles,
qui interrompent leur travail pour observer la boîte.
– Aidez-nous ! crient les lapins.

Mais...
Zoum, zoum, zoum !
Elles passent leur chemin pour aller butiner plus loin.

Quand vient la nuit, les lapins pleurent.
Bientôt viendra la fermière,
elle les prendra tous pour les jeter dans une marmite...

Voilà la boîte qui bouge.
- Au secours ! crient les lapins.

Par le petit trou, on voit un œil.
Grignoti, grignota, le petit trou devient grand.

Les trois frères aperçoivent bientôt les yeux de leurs parents.
Grignoti, grignota,
voilà un passage assez grand pour libérer les enfants.

– Merci Papa, merci Maman ! Mais qui vous a avertis ?
– Les abeilles, les papillons et les fourmis, répondent les parents.
Heureusement !
– Allez, vite, tout le monde au terrier, ordonne Père Lapin.
Et attention à ne pas réveiller le chien.

Une fois dans le terrier,
un câlin et au dodo les trois coquins.
Quelle journée !

Après la nuit, vient le matin.
Le soleil est déjà haut
quand sortent
les trois petits lapins.

– Ne faites pas n'importe quoi,
prévient Mère Lapin.
– Ne jouez pas n'importe où,
prévient Père Lapin.
Et surtout,
ne vous approchez plus
de la maison des humains.
– Oui Papa ! Oui Maman !
promettent les petits.

Pour une fois, ils jouent à la porte du terrier et, quand passent les abeilles, les papillons et les fourmis, les petits ne leur font rien.

De l'autre côté de l'horizon, là où le soleil se couche tous les soirs,
brille une colline dorée...
– Et si on allait voir demain ? propose l'aîné.

Vous avez aimé cette histoire ?
Découvrez également…

Dans la même collection

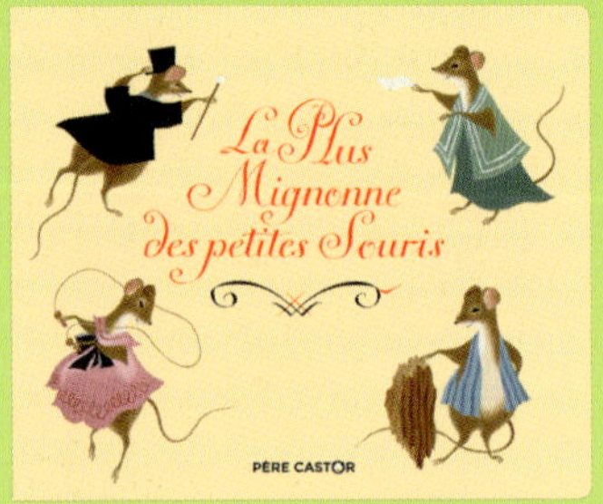

n° 11 | La Plus Mignonne des Petites Souris

n° 14 | Le Petit Bonhomme de pain d'épice

n° 19 | La Grande Panthère noire

n° 32 | Tom Pouce

n° 48 | Un bon tour de Renart

n° 51 | Hansel et Gretel

n° 54 | La Chèvre de Monsieur Seguin

n° 58 | L'Ours et les trolls de la montagne

n° 61 | Le petit loup qui se prenait pour un grand

▾ Dans la même collection ▾

n° 65 | Épaminondas

n° 79 | Bravo Tortue

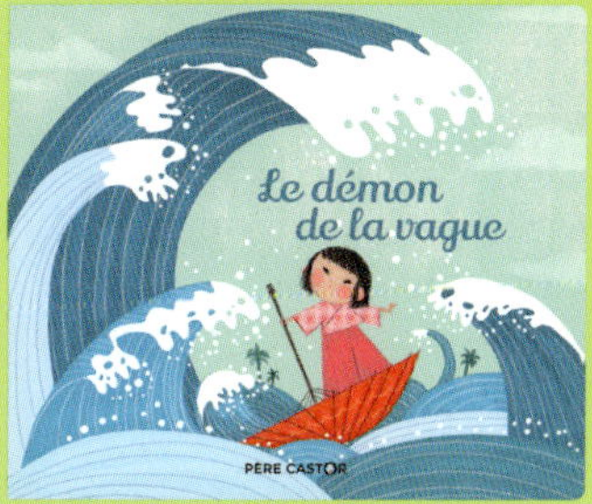

n° 81 | Le Démon de la vague

n° 94 | Raiponce

n° 97 | La Plume du caneton

n° 104 | Le Joueur de flûte de Hamelin

n° 105 | Histoire de la lettre…

n° 106 | Un gâteau 100 fois bon

n° 118 | Petite Poule noire comme nuit